UN SUPPLÉMENT

AUX

BIBLIOTHÈQUES POPULAIRES

PAR

ÉDOUARD DANIEL

JUGE AU TRIBUNAL DE LARGENTIÈRE (ARDÈCHE)

PARIS

IMPRIMERIE SIMON RAÇON ET COMPAGNIE

1, RUE D'ERFURTH, 1

1865

UN SUPPLÉMENT

AUX

BIBLIOTHÈQUES POPULAIRES

PAR

EDOUARD DANIEL

JUGE AU TRIBUNAL DE LARGENTIÈRE (ARDÈCHE)

PARIS

IMPRIMERIE SIMON RAÇON ET Cⁱᵉ

RUE D'ERFURTH, 1

—

1865

UN SUPPLÉMENT

BIBLIOTHÈQUES POPULAIRES

> Que les pauvres soient évangélisés.
> SAINT MATHIEU.
> De la lumière, de la lumière!
> GŒTHE.
> L'ignorance du bien est la cause du mal.
> TIMOCRATE.

La grande œuvre de la moralisation de toutes les classes par l'expansion de l'instruction et l'influence des belles-lettres, vient d'être mise dernièrement à l'ordre du jour de la société française, d'une manière plus expresse et plus caractéristique. La génération qui s'est partagée sur la question de savoir, s'il existe ou non, une heureuse ignorance, dans laquelle, pour son bonheur, il est bon de laisser le peuple, est complétement éteinte : la génération présente n'a qu'un sentiment, c'est que la moralité d'un peuple chrétien est en raison directe de son instruction. — De toutes les bouches autorisées, de celle du chef de l'État, de celles des ministres, des prêtres, des économistes, s'exhale à l'unisson ce cri de rappel : « De la lumière, de la lumière, « encore de la lumière!! » Au nord comme au midi, on voit se former des sociétés de bienfaisance nouvelle, ayant pour but de fonder des bibliothèques choisies et gratuites pour l'utilité des classes les moins éclairées. On va jusqu'à réclamer une loi qui déclare l'enseignement primaire obligatoire. Enfin, le mouvement des esprits est si général, si unanime, qu'ils semblent obéir à une force secrète.

Cette direction nouvelle de la sollicitude publique n'a pourtant rien qui doive étonner.

Après avoir couvert le sol d'asiles pour la souffrance, après avoir inventé mille manières de venir au secours de la pauvreté physique, il était naturel que la société éprouvât, un jour, une égale compassion pour l'indigence intellectuelle et morale.

L'idée de fonder des bibliothèques populaires est assurément une idée heureuse. Personne ne doute que la nouvelle institution ne doive rendre de grands services.

Cependant, il ne faudrait pas, en s'exagérant la puissance du nouvel instrument de civilisation, se laisser aller jusqu'aux illusions.

Les bibliothèques populaires favoriseront le goût des personnes qui ayant des loisirs, — aiment la lecture; elles développeront ce goût chez quelques autres. — Elles seront une précieuse ressource pour de nombreuses familles qui, résidant à la campagne, sont tenues au régime d'un journal politique et de son feuilleton. — Dans les villes et bourgs, elles feront une heureuse concurrence aux cabinets de lecture, qui ne fournissent aux ouvriers qu'une littérature malsaine ; — elles faciliteront à un bien plus grand nombre le commerce des bons et grands esprits.

Ces résultats, sans compter ceux que l'expérience révélera, justifient l'institution nouvelle; mais sont-ils pleinement satisfaisants?

Non, mille fois. Non !!!

Car, ce n'est pas assez de favoriser le goût de la lecture et de l'étude chez quelques-uns, de le développer chez quelques autres ; — il faut le satisfaire et le développer chez tous.

Ce n'est pas assez de pourvoir aux besoins intellectuels de l'homme de condition moyenne, du maître cultivateur, du chef d'atelier ou de quelques ouvriers d'élite ; ce qu'il faut encore, ce qu'il faut par-dessus tout, c'est être bien assuré que tout ouvrier, apprenti, laboureur, valet de ferme, tout berger dans sa cabane roulante, tout pauvre enfin, sachant lire, participera aux bienfaits de la générosité publique : car, c'est précisément ceux d'entre nous, qui composent cette seconde catégorie, qui sont les moins éclairés et qu'il est davantage nécessaire de faire lire, penser, réfléchir ; — car c'est dans cette seconde catégorie que l'on trouve cette indigence morale et intellectuelle qui ne sollicite pas à domicile, ou au coin d'une rue, parce que, — ce qui est le comble de l'infortune ! — cette indigence s'ignore elle-même.

Tel est dans son entier le programme expressément posé devant la société française du dix-neuvième siècle, et tout en louant l'institution nouvelle, il faut bien avouer qu'elle ne saurait le remplir complétement. Il nous sera facile de démontrer tout à l'heure, que dans leur fonctionnement les bibliothèques ne profiteront qu'à quelques-uns, à ceux qu'un premier degré de culture intellectuelle aura antérieurement disposés.

Cette critique est très grave ; car, s'il est bon de donner à l'élite de la classe qu'on appelle laborieuse, qui possède déjà, mais insuffisamment ; il est de beaucoup plus urgent et rationnel de donner à la classe plus malheureuse qui n'a absolument rien.

Nous n'analyserons pas toutes les raisons ou petites circonstances qui réduiront l'usage des bibliothèques à la seule utilité d'une partie des populations auxquelles elles sont destinées ; mais nous en indiquerons quelques-unes.

Eh ! d'abord ! quelle apparence que le paysan, l'ouvrier de fabrique se présentent pour puiser à la bibliothèque cantonnale ou populaire, s'il sont du nombre trop grand de ceux qui n'éprouvent pas le besoin de la lecture !!

Il faudra encore excepter ceux qu'un premier mouvement aura conduits à se faire inscrire parmi les lecteurs, mais dont le zèle déjà tiède s'évanouira devant l'obligation de n'échanger les ouvrages qu'à des heures et des jours déterminés ; cette obligation qui, nous le reconnaissons, est fort légère pour un homme de loisir et avide de s'instruire, sera très-lourde pour ceux auxquels le travail ne laisse que la liberté du dimanche et qui n'auront été en quelque sorte portés vers les bibliothèques que par le courant.

Ces petites raisons qu'on indique en quatre lignes semblent méprisables, tant elles sont menues ; mais, dans la pratique, elles sont destructives des meilleures institutions : semblables à ces petits insectes, qui dans certains ports s'attachent aux flancs d'un vaisseau, et qui en peu d'années le rendent innavigable.

Mais, arrivons à une raison plus capitale, plus irrécusable.

Nous disons que ce qui limitera la fréquentation des bibliothèques, c'est que naturellement elles n'offriront à ceux qui viendront y puiser que des livres. — Or, le livre est un aliment trop copieux, trop substantiel pour cette dernière classe si nombreuse, qui n'a que dans des proportions très-médiocres le besoin, le goût ou le loisir de lire. — A ses yeux, le livre a les dimensions qu'un indigeste in-folio aurait aux nôtres. — « Les longs ouvrages me font peur, disait la Fontaine. » — Ils font peur à tout le monde, ils font peur, dans ce siècle surtout, qui est éminemment un siècle d'action, où la difficulté de réussir dans sa spécialité ne laisse à chacun que peu de loisirs. — Cependant, on lit beaucoup, on lit plus que jamais; mais on lit en courant, durant le quart d'heure de relâche que laisse le travail; — on lit en déjeunant, en se couchant, au café, en chemin de fer. — Mais la très-grande majorité des lecteurs en proie à une activité dévorante, condamnée à un labeur incessant, ne fait et ne peut faire que des lectures de courte haleine.

L'in-octavo a des proportions trop grandes pour cette population laborieuse pour laquelle le temps est de l'argent. Si elle se saisit d'un volume, c'est à la condition que l'éditeur en aura pris la mesure sur la distance qui sépare deux stations de chemin de fer. — Veut-on lui faire consommer un ouvrage d'une certaine étendue, on le découpe en parties, en feuilletons, et, sous cette forme plus digestible, il est accepté par l'estomac populaire. — En résumé, des articles de revue, de journaux, des feuilletons, des faits divers, voilà, en haut comme en bas dans la classe laborieuse et la plus nombreuse, vivant d'industrie et de travail, la denrée littéraire la plus généralement consommée.

Qu'un bénédictin, calculant les loisirs tranquilles de sa longue existence monacale, ouvrît l'in-folio avec le projet persévérant de le lire jusqu'à la dernière page. — Cela se conçoit parfaitement. — Que le savant du seizième et du dix-septième siècle ait, dans sa retraite studieuse, dévoré l'in-quarto si répugnant pour nous; — que l'in-octavo convienne de nos jours à l'homme d'étude ou de loisir. — Cela est incontestable : — mais, quand nous voyons le fabricant, le négociant, le cultivateur, etc., etc., ne supporter un livre

qu'à la condition qu'il leur sera en quelque sorte émietté ;
espérer que tout ouvrier aura un appétit plus robuste !!!
Imaginer que tout valet de ferme fera ses délices du volume
de 400 pages !!! De pareilles illusions ne sont pas possibles.
— A l'homme de labeur, il faut des écrits d'une certaine
mesure, et pour résumer en quatre mots les réflexions qui
précèdent :

Autres lecteurs, autres écrits.

Ainsi donc, les bibliothèques seront impuissantes à ré-
soudre en entier le problème, qui consiste essentiellement
à appeler toutes les classes au partage de ce pain de l'intel-
ligence qui doit être le bien commun de tous.

En définitive, que faut-il, dira-t-on, pour arriver aux
couches inférieures de la société? pour y répandre la lumière et la séve morale : — Il faut un instrument de vulgarisation plus puissant que le livre, il faut enfin le journal,
avec son acuité pénétrante.

Le livre n'a été que le coche, le journal sera le rail-way
de la science et de l'idée morale.

Voyez comme il convient excellemment à l'œuvre pour laquelle nous réclamons qu'il soit employé :

Le livre est quérable, c'est, nous l'avons dit, un de ses dé-
fauts. Il est au contraire dans les mœurs du journal de venir solliciter à domicile la curiosité du plus indifférent.

Le livre est d'une même touche, il plaît ou il déplaît. Le
journal, au contraire, est l'œuvre de plusieurs ; il est varié
dans sa composition ; — littérature, morale, histoire, évé-
nements nouveaux, anecdotes, il offre un aliment à la
grande diversité des goûts et parmi les quatre pages dont il
se compose, il s'en trouve toujours une au gré du lecteur.

Le livre par sa longueur est quelquefois rebutant ; le journal est court et par cette manière d'être il convient à l'im-

mense majorité qui n'a que peu de loisirs ou qui n'est pas susceptible d'une longue application.

Le livre est vieux, il a mille ans, deux ans, un mois. — Le journal est de cette nuit même, — il a éternellement la fraîcheur; le charme de la nouveauté. — Un des secrets de son immense force d'attraction, c'est qu'il satisfait aussi complétement que possible cette curiosité banale qui se trouve chez tous, qu'il contient la réponse à cette demande que nous avons incessamment sur les lèvres : — qu'y a-t-il de nouveau ?

D'un autre côté, quelle mobilité ! quelle puissance de circulation ! Certains exemplaires sont parfois lus par trente personnes durant la même journée. — Une feuille politique quotidienne dont le tirage s'élève à quarante mille exemplaires se flattait dernièrement d'avoir tous les jours un million de lecteurs. Où est le livre qui en obtienne un pareil nombre en un an ?

Mais, dira-t-on, le livre fait sur l'esprit des impressions plus profondes que le journal. — Cela est vrai, mais, d'un autre côté, celui-ci qui tous les jours à la même heure répète sur l'esprit du lecteur, l'effort de la veille, dont l'action est à la fois incessante et rhythmique, celui-ci, disons-nous, réussit, en définitive plus sûrement encore que le livre, à vulgariser les idées à l'expansion desquelles il est consacré. — Le journal rabâche ; mais, rabâcher comme on l'a dit, est un mot qu'il faudrait anoblir : Combien de lecteurs lassés, vaincus par des redites, finissent sans en avoir conscience, par abandonner leurs opinions pour suivre celles de leur journal, semblables à ce morceau de fer, auquel on voit prendre sous les coups réglés d'un marteau périodique, la forme que le forgeron avait prémédité de lui faire revêtir,

Quand nos hommes d'état ont eu à composer des lois

sur la presse politique; ils ne se sont pas mépris touchant les forces si différentes du livre et du journal.

Sur le journal, sur cette petite feuille que le moindre vent emporte, ils ont accumulé le poids de nombreuses conditions qu'il est inutile de rappeler ici.

A la brochure politique qui, grâce à son mince volume, possède une certaine puissance de circulation, ils ont imposé seulement quelques entraves.

Quant au livre politique, chose étrange et au premier abord incroyable! nos hommes d'état si ombrageux lui laissent ses libres allures et après trois révolutions faites au nom de la liberté, il est le seul parmi ses pareils qui en jouisse pleinement. Pour s'assurer de son innocuité, on a eu recours à une seule mesure, mais, très-ingénieuse, on a déterminé son épaisseur :

« Le livre est un écrit ayant au moins dix feuilles d'impression[1]. »

Après l'avoir rendu par cette définition suffisamment pesant et indigeste, nos hommes d'état ne s'en sont plus occupés; — il était inaccessible au plus grand nombre; en le définissant, ils lui avaient coupé les ailes.

La puissance de circulation d'un écrit est en raison inverse de son volume; sa puissance sur l'esprit public en raison directe de sa périodicité. Ces vérités doivent régler la conduite de ceux qui prétendent agir sur les masses par la voie de la presse.

Le livre, c'est le vieux canon, c'est le vieil engin à petite portée.

Le journal, c'est le canon rayé de la pensée. Mettez-le en batterie devant les masses; et, si éloignées, si compactes qu'elles soient, vous atteindrez dans cet exercice pacifique,

[1] Art. 9, décret 17-23 février 1852.

si vous pointez bien, le dernier homme du dernier rang.

En résumé, nous disons aux promoteurs des bibliothèques populaires : nous applaudissons à vos intentions généreuses; nous sommes convaincus que l'institution nouvelle est destinée à agrandir, à élever l'homme, mais l'instrument de vulgarisation, l'engin dont vous entendez vous servir est à petite portée. — Sa force de projection, son acuité de pénétration ne sont pas suffisantes pour vous permettre d'arriver jusques à ces couches profondes qui composent les dernières assises de la société. Vous serez nécessairement impuissants à faire tout le bien que vous avez rêvé. Aux bibliothèques populaires, il faut un second : à côté de votre institution, il faut une autre institution collatérale et complémentaire qui aura pour instrument le journal.

Il faut fonder « un journal hebdomadaire, paraissant
« le dimanche, journal religieux, moral, contenant une
« bonne et saine littérature, dans ses faits divers l'exemple
« du bien; journal à titre onéreux pour l'homme riche ou
« aisé, à titre gratuit pour le pauvre et pourtant suivant
« une combinaison très-simple qui sera développée plus
« loin; journal vivant de ses propres ressources, n'em-
« pruntant pas même au budget pour prévenir de nombreux
« crimes un de ces millions qu'on dépense si vainement
« pour les réprimer. »

L'utilité d'un tel journal est incontestable, dira-t-on, ce projet est louable en théorie, mais à l'épreuve de la pratique, il s'évanouira comme un rêve généreux.

Non, grâce à Dieu, la création d'un journal qui ferait à l'esprit, au cœur du pauvre le don gratuit du conseil et du bon exemple, n'est pas une utopie, ou si l'on veut, elle est du nombre de ces utopies que notre siècle transforme si merveilleusement en réalités puissantes.

Supposons qu'il y a moins d'un siècle un homme se soit levé et ait parlé en ces termes : « l'heure est venue de continuer dans une autre partie de l'univers l'œuvre des premiers apôtres. — Partons pour évangéliser un monde nouveau. — Non-seulement nous devrons visiter des plages innombrables, mais nous y construirons des églises, nous y fonderons des écoles, des salles d'asile, des hôpitaux, etc., nous y transporterons, en un mot, toutes institutions charitables du vieux continent civilisé. — Mais, ce n'est pas tout, avant de nous embarquer, créons un journal qui rende compte de nos travaux, organisons-le de telle sorte qu'il nous donne pour témoin le monde catholique tout entier.

« A la vérité, je ne possède pas la première obole des monceaux d'or nécessaires pour accomplir cette œuvre immense, mais j'ai conçu une petite combinaison financière. Elle consiste tout simplement à demander aux chrétiens de bonne volonté, l'aumône de cinq centimes par semaine, au profit de l'œuvre qui s'appellera la propagation de la foi. — Grâce à ce petit don volontaire, il n'est pas douteux que nous n'obtenions tous les millions nécessaires pour notre apostolat et notre journal. » — Ce langage, il faut en convenir, aurait alors fait sourire bien des auditeurs : — On aurait murmuré comme on le fait presque toujours devant une idée nouvelle : « rêves fanatiques, niaiseries philanthropiques ! — On sait comment les faits ont répondu, — l'œuvre de la propagation de la foi embrasse l'univers ; — la petite combinaison financière a réussi et les cinq centimes additionnés des chrétiens de bonne volonté font trente millions par an.

Cet exemple nous autorise à prier le lecteur de ne pas fermer trop tôt ces quelques pages et de vouloir bien admettre, que si le prosélytisme catholique accomplit des miracles

pour dissiper des ténèbres qui règnent à 5000 lieues, la charité chrétienne saura faire quelque chose pour combattre l'ignorance qui est à côté de nous.

— Nous aussi, nous avons notre petite combinaison financière.

Notre journal sera hebdomadaire, une périodicité plus fréquente serait tout à la fois superflue et trop onéreuse. — Il parviendra dans la mansarde de l'ouvrier des villes, sous le chaume du cultivateur, le dimanche, le jour du repos, le jour consacré à la satisfaction des besoins religieux et moraux. Il deviendra bientôt l'ami du foyer domestique, dont la visite périodique est impatiemment attendue. — Le dimanche sera longtemps encore et pour un grand nombre le jour du cabaret ; mais pour certains, il deviendra le jour de leur journal, où leur parviendra la suite de la nouvelle, dont les pages habilement suspendues ont vivement excité la curiosité de toute la famille.

Mais, nous dira-t-on, il serait intéressant pour le bien apprécier d'entrer dans l'examen du programme de votre journal, d'en connaître les principes.

Le programme des journaux populaires sera celui des bibliothèques auxquelles ils viendront en aide. Il se réduit à ces quelques mots : « faire le bien, combattre l'ignorance. » Il serait dangereux d'en formuler un autre *a priori*. Nous ne sommes pas encore assez accoutumés à l'initiative du bien : d'où il arrive que nous nous laissons trop emporter à disputer sur des nuances insignifiantes. Durant ces discussions sur l'accessoire, nous perdons de vue le point principal et finalement on nous voit trop souvent repousser sans distinction un programme peut-être défectueux en quelque partie et le principe d'une institution d'ailleurs excellente.

Laissons au temps, à l'expérience le soin de composer des programmes *a posteriori :*

Cependant, comme nous pensons que dans l'espèce une exposition est susceptible de mieux faire ressortir la bienfaisante influence des journaux populaires, nous essayerons, mais à titre d'exemple seulement et sans que cela puisse tirer à conséquence, d'esquisser pour l'un d'eux entre tous, un programme conforme à nos vœux.

Il aura pour épigraphe : *Dieu, patrie, famille.* Il initiera l'homme aux merveilleuses créations qui l'entourent sans le toucher ; il relèvera vers le ciel tous ces fronts oublieux, trop courbés vers la terre ; organe de la religion de la majorité, il rappellera au chrétien tous ses devoirs envers le Dieu de sa croyance, le Dieu de ses pères et de son enfance, qu'affirme la foi catholique.

Il s'efforcera d'inculquer au peuple les vertus politiques qui sont l'honneur et font la force des nations, l'obéissance aux lois, le respect de la légalité ; — il combattra, chez le Français, ce penchant aux violences politiques que des révolutions antérieures ont développé chez lui ; par des leçons tirées de l'histoire, il lui apprendra à ne plus désirer que les révolutions pacifiques qui donnent vraiment le progrès, qui sont l'œuvre non d'une minorité audacieuse, mais celle du législateur interprète de la raison publique ; il montrera celle-ci toujours triomphante et détruisant impitoyablement tout ce que la violence a fait ou tenté au mépris de ses droits imprescriptibles. — Enfin, chez ce peuple, qu'on a quelquefois trop enivré de l'idée du droit, il réveillera le sentiment du devoir.

Il sera le conseiller de la famille, en resserrera les liens ; il fera le père plus dévoué, le fils plus respectueux, la femme plus fidèle, le mari plus prévoyant.

Il défendra la propriété que des sophistes ont, dans ces derniers temps, attaquée si audacieusement. — Il travaillera à l'éducation économique des classes inférieures, qui est encore toute à faire. Aujourd'hui que, par le suffrage universel, tout citoyen a une action sur les destinées politiques du pays, — aujourd'hui que, par suite du développement de la richesse, toute question politique se complique d'une question économique, l'ignorance des citoyens constitue un danger redoutable, qui peut nous conduire à l'abîme dans le cas où les ignorants seraient en majorité. — Un devoir nouveau pèse sur les sociétés modernes, et c'est pour avoir manqué à le remplir que la société française s'est vue en juin 1848 à deux doigts de sa perte. La leçon qui lui a été donnée alors, a-t-elle profité? Avons-nous depuis 1848 cherché à dissiper cette ignorance chez le peuple viril, qui, aux heures de troubles, en fait un instrument aveugle des schériffs politiques ou économiques? L'avons-nous éclairé sur les questions que le socialisme avait posées et qui à un moment donné peuvent être soulevées à nouveau? Non. — Aux yeux des masses qui ne lisent pas les gros livres dogmatiques, le socialisme a été comprimé militairement, il n'a pas été réfuté. — A la vérité, sous un pouvoir fort comme ceux qui s'établissent toujours au lendemain de troubles politiques, le socialisme ne donne plus signe de vie. Cependant, jusqu'à ce que sa réfutation ait pénétré au sein de cette partie du peuple dans laquelle se sont recrutés les malheureux insurgés, jusqu'à ce que vous ayez dissipé l'ignorance qui les égara et qui susciterait de nouveaux séides, craignez de nouvelles journées de juin !!!

La réunion de la rue de Poitiers était dans le vrai lorsqu'elle pensa, qu'après la compression de l'insurrection la victoire n'était pas définitive, que pour prévenir tout retour

offensif, il fallait encore obtenir la soumission des esprits
par l'expansion de la vérité. On se rappelle qu'à cet effet,
elle favorisa la publication à bon marché des écrits de nos
économistes les plus distingués. Elle se trompait, en pen-
sant que la société attaquée par une presse quotidienne pou-
vait être défendue avec des livres; cependant sa tentative
doit être honorée et doit servir d'exemple.

Penserait-on que la loi sur le colportage soit une garantie
contre les dangers que nous venons de signaler? — Mais,
cette loi imaginée dans le dessein d'empêcher la circulation
de mauvais écrits, est complétement impuissante à en faire
circuler un bon.

« Brûler n'est pas répondre, » disait-on il y a un siècle ;
nous disons pareillement : « Comprimer, déporter, refuser
l'estampille n'est pas répondre. »

Il ne faudrait pourtant pas conclure des lignes qui précèdent que le journal dont nous esquissons le programme
doive être un journal politique : — A Dieu ne plaise. —
Comme ces fées des contes de Perrault qui, visitant le ber-
ceau d'un jeune prince, donnent d'utiles avertissements ou
font des prédictions sinistres, nous prédisons que ce journal
périra s'il touche à la politique courante ; il ne vivra pour
remplir ses destinées qu'à la condition de demeurer toujours
sur le terrain neutralisé où les partis honnêtes se donnent
la main, sur le terrain des principes éternels, nécessaires
qui servent de base aux sociétés humaines [1]. Il défendra le
principe d'ordre, la propriété, la famille, sans toucher à la
politique contingente. Il ne devra pas oublier qu'il est l'ins-

---

[1] Aux termes du décret de 1852, les écrits périodiques qui traitent des
matières économiques ou sociales sont assujettis au timbre. Les journaux po.
pulaires incapables de supporter cet impôt seront obligés de s'abstenir tant
que la législation n'aura pas été changée.

trument d'une société qui ne passe pas et que son autorité
morale serait bientôt ruinée, s'il descendait dans l'arène
des partis pour y défendre des systèmes politiques qui sont
à peine de quelques années.

Notre journal, dans ses faits divers, contiendra l'exemple
du bien. — Il évitera les errements du journalisme contemporain ; il se gardera de recueillir dans ses colonnes les
crimes qui se commettent dans l'étendue de l'Empire. —
C'est, certes, une chose étrange et déplorable de voir tous
nos journaux quotidiens, y compris le journal officiel,
appliqués, dans leur troisième page, à étaler devant un
public d'honnêtes gens, de femmes, d'ouvriers, de jeunes
filles, d'enfants, etc., etc., la manière d'empoisonner, de
se suicider, d'assassiner, de voler à la tire, à l'améri-
caine, etc., comme si un peuple placé continuellement
sous l'influence contagieuse de pareils exemples, nourri
d'enseignements si avilissants, ne devait pas nécessairement être conduit quelquefois à essayer de la pratique.

La troisième page des journaux quotidiens est devenue,
sans qu'ils y prennent garde, un instrument de démorali-
sation. — Si les deux premières, consacrées aux intérêts
les plus graves de l'Empire, sont dignes des citoyens d'un
grand pays, ne semble-t-il pas (qu'on nous pardonne cette
antithèse) que la troisième soit expressément écrite pour
un public de coupeurs de bourses ?

C'est encore dans cette troisième page, remplie du récit
de crimes sanglants ou d'accidents dont la relation fait fris-
sonner, que trop de lecteurs ou de lectrices trouvent à
satisfaire un certain goût dépravé pour les émotions vio-
lentes dont le moindre effet est d'émousser leur sensibilité.
Mais, si dans un de ses plis honteux, le cœur humain
recèle un si misérable penchant, le forfait contemporain

n'a pourtant pas le privilége exclusif d'exciter son intérêt. Ce cœur aime aussi ce qui est beau, les dévouements l'attendrissent; il admire la grandeur morale.

C'est le goût de l'homme pour le bien que notre journal s'efforcera de satisfaire. — Dans le champ de la vie, il récoltera non l'ivraie, mais le bon grain; à l'ordre du jour de notre noble France, il mettra non le crime, mais la vertu, la probité, l'honneur, les traits de courage, et par de pareils exemples il excitera chez les lecteurs une noble émulation pour le bien.

Enfin notre Journal contiendra une bonne et saine littérature.

Parmi nos littérateurs il en est un grand nombre qui n'ont pas oublié que la mission de l'écrivain est un sacerdoce; — que leur tâche n'est pas d'amuser les hommes par des fictions, mais de les rendre meilleurs; que les lettres ne sont belles qu'à la condition d'être bonnes. Mais, combien d'autres, insoucieux du devoir, suivent une fantaisie qui les entraîne dans les écarts les plus regrettables pour la moralité publique.

Ah! quand après avoir accompli sa journée laborieuse un brave ouvrier, un rude travailleur des campagnes prend un livre et lui demande un aliment, une distraction; quand il s'adresse à une œuvre d'imagination, afin de s'élever dans le monde de l'impossible, dans le monde des rêves si chers à ceux pour lesquels la réalité est parfois bien triste; nous voulons pour lui, lecteur inexpérimenté, non pas de ces ouvrages qui ne sont propres qu'à affaiblir son sens moral, qu'à irriter davantage les sentiments quelquefois aigris de l'homme qui souffre, mais une œuvre pleine de cette fiction qui élève, console et soutient.

L'anarchie existera toujours dans la république des lettres;

il n'y a aucune apparence que les membres de cette république, sous la conduite d'une idée commune, réunissent
un jour leurs efforts convergents vers leur but assigné qui
doit être la moralisation, le perfectionnement de leurs semblables. « Le bien et le mal ne croissent pas séparément
« dans le champ fécond de la vie; ils germent l'un à côté
« de l'autre et entrelacent leurs branches d'une manière
« inextricable [1]. » Ce serait précisément la fonction de notre
Journal d'être comme une ligne inflexible tendue à travers
ce champ pour séparer le bien du mal, le vrai du faux.

Tel pourrait être le programme de l'un d'entre tous les
journaux populaires.

Mais quittons les considérations générales, les hypothèses
et arrivons au cœur de la question, c'est-à-dire au mode
d'exécution qui, suivant notre affirmation un peu paradoxale
au premier abord, permettrait de remettre gratuitement à
qui ne peut l'acheter un exemplaire du Journal charitable et
populaire.

L'œuvre de la moralisation de toutes les classes par l'influence des belles-lettres et du bon exemple serait accom-
plie au moyen de l'action combinée de deux sociétés dis-
tinctes, qu'à raison de leurs fonctions nous désignons sous
les noms « de *Société de production et Société de distribu-*
« *tion.* »

La Société de production rédige le journal, le fait imprimer et le livre à la Société de distribution en gros et *au prix
coûtant.* Elle le compose de telle sorte que le prix de revient
y compris composition, papier, impression, frais généraux,
ne s'élève pas au-dessus de cinq centimes par exemplaire.
La rédaction et l'administration supérieure étant gratuites

---

[1] Mirabeau, *Sur la liberté de la presse*, opuscule de 1788.

comme il convient dans une œuvre de charité, le tirage
étant considérable, chaque exemplaire du prix de revient
de cinq centimes sera d'une étendue très-suffisante : — les
publications du même prix [1] qui existent déjà dans des conditions moins avantageuses, permettent à chacun de se faire
une idée des dimensions de la nôtre.

Les Sociétés de distribution ont pour rôle de répandre le
Journal populaire. — Il y a une Société de distribution dans
chacune des communes de l'empire. — Elle a le monopole
du débit du journal dans l'étendue de son territoire. —
Elle achète l'exemplaire au prix coûtant, avons-nous dit,
elle le livre avec bénéfice aux classes riches ou aisées; et, au
moyen du profit qu'elle réalise dans cette double opération,
elle peut donner aux plus pauvres dans la commune des
abonnements gratuits.

Un exemple fera promptement saisir la facile fonction
des Sociétés de distribution.

Supposons qu'il s'agisse de répandre le Journal populaire
dans une commune-ville de 10,000 âmes. — Une Société
de distribution s'y est organisée.

Évidemment, il ne faudra pas 10,000 exemplaires pour
ces 10,000 âmes, mais un exemplaire pour chaque famille. .
— Or, comme chaque famille se compose en moyenne de
quatre personnes, pour que chaque foyer domestique soit
pourvu, il n'est besoin au maximum que de 2,500 exemplaires.

Il convient encore de faire préalablement observer que la
population variée de toute ville peut être au point de vue
de la fortune, divisée en trois catégories.

1re catégorie. — Personnes riches ou aisées.

[1] *Le petit Journal.*

2ᵉ catégorie. — Personnes vivant de petite industrie, de leur travail et ayant quelque bien-être.

3ᵉ catégorie. — Personnes ne vivant que d'un faible salaire ou tout à fait indigentes.

Ceci étant posé. — Voyons comment procédera la Société de distribution.

Son premier soin sera de recueillir des abonnements parmi les classes riches ou aisées et tel sera à peu près le langage qu'elle leur pourra tenir : « J'ai le monopole dans la com-« mune du débit d'un journal charitable? — il est rédigé « par les plus grands esprits contemporains, par les notabi-« lités littéraires. — A raison des conditions économiques « dans lesquelles il est publié, ce journal est produit au prix « le plus bas, et il m'est cédé au coût de revient. Si vous me « prenez un abonnement au taux raisonnable de dix francs, « je réaliserai, il est vrai, un beau bénéfice sur vous, mais « je contracte l'engagement de l'appliquer tout entier au « profit des plus pauvres de notre commune, en faisant par-« venir dans plusieurs ménages indigents un exemplaire « pareil au vôtre. — Abonnez-vous et vous ferez tout à la « fois une bonne affaire et une bonne action. »

On est assurément autorisé à penser que la charité publique ne demeurera pas tout à fait sourde à cet appel.

Supposons maintenant que dans cette commune — ville de dix mille âmes, la société de distribution dont il s'agit ait recueilli parmi les classes riches ou aisées cent vingt-cinq abonnements.—Ces cent vingt-cinq abonnements à 10 francs l'un, font 1250 francs.

Au moyen de cette somme principale, la société de distribution contracte près de la société de production cinq cents abonnements au prix de 2 fr. 50 c. chacun[1].— En re-

---

[1] Pour rendre nos calculs plus saisissables, nous avons fixé, dans l'hypo-

cevant ses exemplaires elle satisfait d'abord ses cent vingt-cinq souscripteurs; mais après qu'elle a rempli ses obligations envers les abonnés-donateurs, il lui demeure en mains trois cent soixante-quinze exemplaires de bénéfice disponible. — Ils appartiennent à la charité et la société de distribution les fait régulièrement parvenir au foyer des personnes indigentes ou vivant d'un faible salaire, après avoir pris l'assurance que son don ne sera pas en pure perte.

Mais les trois cent soixante-quinze exemplaires demeurés disponibles de notre hypothèse ne desserviront pas seulement trois cent soixante-quinze foyers ; on sait assez la puissance de circulation d'un journal. Les sociétés de distribution ne sauraient-elles associer dans la lecture d'un même exemplaire, nous ne disons pas trois, mais deux ménages habitant, par exemple, la même maison. L'un, aurait la primeur et l'autre, l'avantage en seconde main de conserver l'exemplaire. — Les habitudes du public ne laissent pas de doutes à cet égard.

Le lecteur appréciera si nous avons fait un calcul hors de proportion avec les probabilités, en supposant que la société de distribution établie dans une ville de dix mille âmes pourrait, au début, trouver cent vingt-cinq abonnés donateurs. — Les statistiques de la charité nous auraient autorisé à élever d'une manière notable le chiffre que nous avons adopté.

Quoi qu'il en soit, déterminons d'une manière précise,

---

thèse qui précède, l'abonnement à 2 fr. 50 cent., quoiqu'en réalité le prix d'un journal hebdomadaire à 5 cent. l'exemplaire s'élève par an à 2 fr. 60 cent. Mais cette différence est insignifiante ; il est même probable que l'évaluation de notre hypothèse sera confirmée par la pratique, qui réduira effectivement les cinquante-deux exemplaires à cinquante.

quel serait, dans les conditions de notre hypothèse, le résultat d'un premier établissement.

On se rappelle que chaque abonnement, souscrit par une
personne de la classe aisée au prix de 10 francs l'un, repré-
sente en réalité la valeur de quatre exemplaires ; que ces
quatre exemplaires desservent sept ménages, dont un appar-
tenant à la classe aisée et six à la classe indigente ; enfin,
que sur la base de quatre personnes par chaque foyer domestique, toute souscription d'un abonné-donateur emporte
pour vingt-huit personnes la faculté de lire le journal populaire ; si nous appliquons ces données à la commune-ville
de dix mille âmes, au sein de laquelle la société de distribution aurait à son début, suivant notre hypothèse, recueilli
cent vingt-cinq abonnements parmi la classe aisée, nous
trouvons le résultat général suivant :

Sur 2,500 foyers on verrait parmi les riches   125
Parmi les pauvres   750

                          Total . . .   875

visités chaque semaine par le journal populaire.

Sur une population de dix mille âmes on obtiendrait
déjà parmi les riches. . . . . lecteurs   500
parmi les pauvres. . . . . Idem.   3,000

                          Total. . . .   3,500

On a déjà compris que dans le placement des exemplaires
gratuits, les sociétés de distribution procéderont de bas en
haut ; que les foyers les plus pauvres seront les premiers
servis. Il est naturel qu'elles observent dans l'épanchement
des secours à la misère morale ou intellectuelle la règle sui-
vie dans la distribution des secours à la misère physique

et suivant laquelle le plus indigent est le premier se-
couru.

A leur début les sociétés de distribution ne pourront
vraisemblablement pas remplir leur tâche tout entière,
assister moralement tous ceux qui méritent leur sollicitude.
Mais parmi les fondateurs de toute institution charitable le
plus puissant, le plus secourable, c'est le temps. Les sociétés de distribution reconnues dans la forme de droit, pouvant
acquérir, recevoir, arriveront un jour à se composer un
petit patrimoine qui, joint aux souscriptions permanentes
des abonnés-donateurs, leur permettront enfin de soumettre
à l'action bienfaisante du Journal populaire tous les membres de la commune compris dans la troisième des catégories que nous avons établies plus haut. Il est à remarquer,
notamment, que tout donateur ou testateur pouvant, au
moyen de l'intérêt de la modeste somme de cinquante francs,
assurer à perpétuité à deux ménages indigents de sa commune le service du journal populaire, il y a peut-être lieu
d'espérer que des générosités de cette nature permettront
un jour d'alléger la charge qui au début pèsera sur les
abonnés-donateurs.

En ce qui concerne les membres de la commune appar-
tenant à la deuxième catégorie, que nous avons désignés
plus haut comme « vivant de petite industrie, de travail et
« possédant quelque bien-être, » qui ne sont ni assez riches
pour donner, ni assez pauvres pour consentir à recevoir,
les sociétés de distribution pourraient leur faire des conditions particulières, leur céder le journal, soit au prix coûtant, soit après prélèvement d'une légère prime, dont la
somme totale serait employée à faire face à certains frais
généraux qu'on rencontre même dans des institutions ad-
ministrées gratuitement.

La charité publique ferait-elle défaut à l'institution nouvelle ?

Examiner cette question serait faire injure à la génération
présente. Pour en obtenir des millions, il suffit de demander ; pour faire surgir des légions d'hommes charitables, il
ne faut que frapper la terre. Si le malheur implore, un
peuple entier se lève. — Après dix-huit siècles, la charité,
cette vertu divine, est devenue une vertu publique, gou-
vernementale et sociale. La fleur chrétienne est dans son
plus splendide épanouissement.

Il convient pourtant que nous fassions une remarque
favorable, touchant le mode particulier, suivant lequel les
sociétés de distribution feraient appel au sentiment de charité. — Ce mode, nous osons le dire, est tout à fait nouveau,
il rend l'aumône plus facile, plus légère et il possède, pour la
solliciter une puissance que n'ont pas eue les procédés suivis
jusqu'à ce jour.

En effet, les actes charitables peuvent s'exercer de trois
manières :

On donne purement et simplement, comme on le fait au
pauvre qui tend la main.

On donne aussi en échange de l'espoir d'un retour incertain, suivant les calculs de quelques-uns d'entre ceux qui
souscrivent aux loteries, qu'organisent les bureaux de
charité.

Enfin, on peut donner avec l'assurance d'un retour certain et ce sera la condition des donateurs-abonnés des
sociétés de distribution.

Ce simple exposé suffit ; en effet, entre ces trois alterna-
tives :

« Donner purement et simplement ;

« Donner certainement avec l'espoir d'un retour incertain ;

« Ou enfin donner certainement avec l'assurance d'un retour certain ; »

La comparaison ne saurait s'établir et la préférence de la part de celui qui donne ne saurait être douteuse.

En fait : si les sociétés de secours mutuels, par exemple, comptent un si grand nombre de membres honoraires, donateurs sans retour ; les sociétés de distribution ne sauraient-elles rencontrer un concours pareil, elles qui font à la charité un appel moins onéreux, qui lui proposent un contrat, non pas de pure bienfaisance, mais un contrat tout à la fois commutatif et de bienfaisance.

Le journal populaire aura le même succès que les bibliothèques populaires que nous voyons s'établir de toutes parts, — il procède du même sentiment, il concourt au même but, il en est le complément.

Une image nous a paru propre à rendre plus saisissable le rôle multiple et combiné des sociétés de production et de distribution, à caractériser l'énergie de leurs fonctions :

Les sociétés de distribution seraient semblables à autant de pompes aspirantes et foulantes, qui s'alimentant aux sociétés de production, chasseraient ensuite la séve morale dans les rameaux les plus ténus, dans les vaisseaux les plus capillaires du corps social.

Il nous resterait beaucoup à dire sur l'organisation des sociétés de production et de distribution, sur leur composition, leurs rapports ; cependant nous ne pousserons pas plus loin cet exposé. Dans ces quelques pages, nous avons voulu seulement donner une idée générale de l'institution nouvelle, en affirmer la nécessité, en indiquer les bases fondamentales, exposer la combinaison financière mise à son service. — En un mot, nous n'avons pu vouloir que démontrer d'une manière sommaire, que notre plan de journal gratuit pour les classes malheureuses a toutes les qualités pratiques.

Loin de nous la pensée que la matière n'offre aucune difficulté, que la création de journaux populaires ne doive rencontrer aucun obstacle. Mais ces difficultés, ces obstacles procéderaient à notre sens, plutôt du fait des hommes, que de la nature des choses.

En effet, si nous examinons la nature des choses ; que voyons-nous dans l'institution nouvelle? Quelques sociétés composées d'illustrations de toute sorte, de l'élite des hommes de lettres, d'hommes de bien et de charité appliqués gratuitement à la rédaction de journaux et les faisant imprimer.

A côté de ces premières, d'autres sociétés inspirées par le même sentiment, égales en nombre à celui des communes de l'empire, qui, à ne considérer que leurs traits généraux, apparaissent comme des bureaux monopolisant l'abonnement et en compte courant avec les sociétés productrices.

On chercherait vainement dans la nature de ces sociétés, dans leurs fonctions quoi que ce soit de nouveau, d'anormal, d'impossible.

On compte par milliers les écrivains associés pour la publication de journaux.

Les bureaux d'abonnement sont aussi anciens que les journaux eux-mêmes.

Examinons maintenant les difficultés qui pourraient naitre du fait des hommes. — C'est ici le lieu de réfuter une objection qui a pu se présenter à l'esprit du lecteur.

« Mais, dira-t-on, le journal populaire touche à une question qui divise et passionne les masses, à la question brûlante de l'éducation publique. La recherche si difficile du vrai et du bien, qui devrait rendre plus étroite l'association des hommes, a au contraire pour effet de les diviser profondément en partis de toutes nuances. Chaque parti pénétré de cette vérité de Leibnitz « que celui qui serait « maître de l'éducation, serait le maître du monde, » aspire à s'en emparer. S'il s'agit de l'éducation de l'enfance ou de la jeunesse, il y a rivalité ; qu'il s'agisse de l'éducation de l'âge viril, la compétition est plus ardente encore.

« Quoique votre journal doive demeurer étranger à la politique, cependant il lui arrivera nécessairement de toucher à des matières qui sont entre les partis un thème de discussion. — Quel accueil pouvez-vous espérer pour lui de cette société partagée, animée de sentiments si divers. Il est clair que ne pouvant réfléter à la fois toutes les nuances d'opinions, votre journal sera rejeté par toutes. »

Cette objection serait fondée, si le projet que nous avons esquissé, n'admettait qu'une seule et unique société de production. Mais il n'en est pas ainsi. — Nous avons pris soin plusieurs fois déjà de faire entendre, et nous croyons utile de répéter que nous adoptons le système de la multiplicité des sociétés de production.

En principe, chaque parti, chaque nuance d'opinion aura, sous l'autorité des lois, la faculté de créer une société de production.

En principe, chaque société de distribution s'alimentera à la société de production de son choix à celle avec laquelle ses fondateurs, administrateurs, donateurs-abonnés, etc., etc., se trouveront en communion plus intime de sentiment.

En fait : on pourra voir la même société de distribution s'adresser successivement, suivant son gré, à des sociétés de productions différentes. — On pourra dans la même com-

mune-ville rencontrer à la fois plusieurs sociétés de distribution, puisant à des sociétés de production de couleurs
dissemblables.

« Mais, dira-t-on, encore, ce plan ne saurait produire que
confusion ; « la nouvelle institution, en la supposant née via-
ble, sera tuée par l'anarchie. »

Non, les mots de « confusion, d'anarchie, » ne sauraient
être justement appliqués ici.

« Unité de but avec diversité d'action ou de direction. »
Telle est la formule qui résume vraiment les principes que
nous venons d'exposer.

« Unité de but avec diversité d'action ou de direction. »
Mais, qu'on le remarque bien, ce sont précisément les principes contenus dans cette formule qui règlent chez nous en
ce moment même, le système de l'éducation publique.

En effet : si nous examinons la nature, la composition, le
caractère de nos écoles primaires et secondaires, nous y
trouvons « l'unité du but » qui est de former, d'instruire
l'enfance et la jeunesse ; mais elles nous montrent aussi
« la diversité d'action de direction et de tendance particulières. »

Quel a été le resultat de cette diversité ? A-t-elle produit
la confusion, l'anarchie ? la faculté pour chaque nuance
d'opinion d'ouvrir une école, a-t-elle tué l'école ? Non, tout
esprit sage reconnaîtra au contraire, que la liberté d'enseignement, en excitant entre les maîtres une noble émulation,
a tourné au profit de l'instruction publique.

La rivalité existe, il est vrai, entre ceux qui sont adonnés
à l'éducation de la jeunesse ; mais tous sont pénétrés de la
vérité de cette parole, aussi heureuse que profonde « que de
tous les instituteurs, le pire, c'est l'ignorance. »

C'est ainsi que « la diversité de direction et d'action avec l'unité du but » n'a pas nui à la poursuite de l'ennemi commun, mais l'a au contraire rendue plus pressante.

Les journaux populaires seront vraiment les instituteurs de l'âge viril ; ils seront le prolongement des écoles primaires. On ne saurait donc comprendre que les principes qui ont produit pour l'instruction de la jeunesse les plus heureux résultats, ne doivent engendrer que « confusion et anarchie, » quand il s'agira de l'instruction de l'âge viril.

Parvenu à la fin de notre tâche, nous éprouvons le besoin de répéter une autre fois, que nous avons entendu ne fournir, en quelque sorte, qu'un avant-projet. — Les institutions qui servent au développement des Sociétés humaines sont semblables à ces grands outils que l'industrie invente et multiplie chaque jour. — Un premier modèle les montre très-imparfaits ; — Un second essai les améliore et l'application soutenue de nos ingénieurs les conduit enfin à un merveilleux degré de perfection. Nous supplions ceux que touche l'intérêt sacré des classes pauvres et ignorantes, de se mettre en garde contre la pente qui entraine quelquefois les mieux intentionnés, à rejeter pour un vice de forme, pour une imperfection, le principe d'une institution qu'ils reconnaissent d'ailleurs excellente. Nous les conjurons de rechercher toute amélioration qui donnerait au mécanisme de la nouvelle institution un jeu plus aisé, à l'instrument de moralisation une force plus irrésistible.

Un dernier mot superflu peut-être : le journal populaire que nous venons d'esquisser à grands traits n'est pas dans notre pensée un instrument de parti.

C'est, à la vérité, une arme très-affilée ; mais sa pointe n'est dirigée que contre l'ignorance et toute main peut en saisir la poignée.

C'est un puissant instrument ; mais comme l'école, il n'est qu'un instrument de civilisation.

Le terrain de l'éducation publique est un champ de bataille où pour conquérir les plus nobles palmes combattent de nombreux et valeureux champions. Parmi les armes de tous les croisés contre l'ignorance des classes pauvres, nous déposons le nouvel instrument de guerre.

PARIS. — IMP. SIMON RAÇON ET COMP., RUE D'ERFURTH, 1.

9 782019 238964